AF103583

www.ingramcontent.com/pod-product-compliance
Lightning Source LLC
LaVergne TN
LVHW010424070526
838199LV00064B/5423
* 9 7 8 9 3 5 8 7 2 5 4 8 3 *

اسّی (۸۰) دن میں دنیا کا چکر

(ناولٹ)

علی اسد

© Taemeer Publications LLC

Assi din mein Dunya ka chakkar

by: Ali Asad

Edition: December '2023

Publisher :

Taemeer Publications LLC (Michigan, USA / Hyderabad, India)

ISBN 978-93-5872-548-3

مصنف یا ناشر کی پیشگی اجازت کے بغیر اس کتاب کا کوئی بھی حصہ کسی بھی شکل میں بشمول ویب سائٹ پر اَپ لوڈنگ کے لیے استعمال نہ کیا جائے۔ نیز اس کتاب پر کسی بھی قسم کے تنازع کو نمٹانے کا اختیار صرف حیدرآباد (تلنگانہ) کی عدلیہ کو ہوگا۔

© تعمیر پبلی کیشنز

کتاب	:	**اسّی (۸۰) دن میں دنیا کا چکر** (ناولٹ)
مصنف	:	**علی اسد**
کمپوزنگ / تدوین	:	انیس الرحمٰن / اعجاز عبید
صنف	:	فکشن
ناشر	:	تعمیر پبلی کیشنز (حیدرآباد، انڈیا)
سالِ اشاعت	:	۲۰۲۳ء
صفحات	:	۲۶
سرورق ڈیزائن	:	تعمیر ویب ڈیزائن

اب سے سو برس قبل نہ تو ایسے ہوائی جہاز ہوتے تھے جو چھ سو میل فی گھنٹہ کی رفتار سے اڑتے ہوں اور نہ ایسے پانی کے جہاز تھے جو چار روز میں بحر اوقیانوس کو پار کر لیں۔ حقیقت تو یہ ہے ان دنوں میں ہوائی جہاز تھے ہی نہیں۔ چنانچہ پوری دنیا کے گرد چکر لگانے کے لیے کم از کم تین مہینے درکار ہوتے تھے۔ اس کے باوجود ہم آپ کو ایک ایسے آدمی کی داستان سناتے ہیں جس نے بیس ہزار پاؤنڈ اس شرط پر لگا دیے کہ وہ صرف اسی دن میں دنیا کا چکر لگا آئے گا۔

لندن کے ایک شاندار کلب میں فلیس فاگ نامی ایک شخص آرام سے بیٹھا ہوا لوگوں کی باتیں سن رہا تھا۔ حال ہی میں لندن کے ایک بنک میں بڑی زبردست چوری ہو گئی تھی۔ چنانچہ یہ لوگ اسی کے بارے میں باتیں کر رہے تھے۔ ایک بولا، "بنک کا کتنا نقصان ہوا؟"

دوسرے نے جواب دیا، "پچپن ہزار پاؤنڈ۔"

اس پر مسٹر فاگ نے پولیس کے ایک افسر سے پوچھا، "آپ نے چور پکڑنے کے لیے کیا کوششیں کی ہیں۔"

افسر نے جواب دیا، "خفیہ پولیس کے ہوشیار افسروں کو امریکا اور یورپ کی تمام بندرگاہوں پر بھیج دیا گیا ہے۔"

اس پر ایک اور آدمی بولا، "پھر تو چور کے لیے بچنا بڑا دشوار ہو گا۔"

دوسرے نے پولیس افسر سے پوچھا، "چور کا حلیہ معلوم ہے؟"

افسر نے کہا، "ہاں، حلیے سے تو آسودہ حال معلوم ہوتا ہے۔"

تیسرا بولا، "یقین نہیں آتا کہ یہ چوری ہوئی کیسے!"

پولیس افسر بولا، "کہاں جائے گا بچ کر۔ اسے تو کسی ملک میں پناہ نہیں ملے گی۔"

ایک بولا، "کہاں جائے گا؟"

دوسرا بولا، "کچھ نہیں کہہ سکتے۔ دنیا بہت وسیع ہے۔"

اس پر مسٹر فاگ بولے، "ہاں۔ پہلے تھی۔"

یہ سن کر دوسرا شخص بولا، "کیا مطلب ہے تمہارا؟ کیا دنیا اب چھوٹی ہو گئی ہے؟"

پولیس افسر بولا، "مجھے مسٹر فاگ کی رائے اتفاق ہے۔ دنیا تنگ ہو گئی ہے۔ اب آپ تین مہینے کے اندر ساری دنیا کا چکر لگا سکتے ہیں۔"

اس پر فاگ بولا، "جی نہیں صرف اسی دن میں۔"

اس پر ایک شخص بولا، "لیکن اس میں حادثات کو شامل نہ کرنا چاہیے۔ مثلاً موسم کی خرابی، ہوا کا مخالف سمت ہونا۔ جہاز کا تباہ ہو جانا۔ ریلوں کا ٹکرانا وغیرہ۔"

یہ سن کر فاگ نے کہا، "جی نہیں، ان تمام حادثات کو شامل کرتے ہوئے بھی اسی دن کافی ہیں۔"

اس پر ایک بولا، "اچھا مسٹر فاگ، ذرا یہ کر کے بتاؤ تو جانیں!"

دوسرا بولا، "ہاں ٹھیک ہے۔"

تیسرا بولا، "میں چار ہزار پاؤنڈ کی شرط لگاتا ہوں کہ یہ ناممکن ہے۔"

فاگ نے سب کی باتیں جب سن لیں تو بولا، "بنک میں میرے بیس ہزار پاؤنڈ جمع

ہیں، جنہیں میں بخوشی اس شرط پر لگائے دیتا ہوں۔"

پہلا شخص بولا، "ذرا سوچ لو۔ اتنی بڑی رقم ایک ذراسی ناگہانی بات کی وجہ سے کھو دوگے۔"

فاگ نے کہا، "ناگہانی بات ہوتی ہی نہیں۔"

اس پر پولیس افسر نے کہا، "لیکن مسٹر فاگ اسی دن تو ایک اندازے کے مطابق کم سے کم مدت ہے۔"

فاگ اپنی بات پر قائم رہا۔ کہنے لگا، "بس کم سے کم مدت ہی کافی ہے۔"

یہ کہہ کر اس نے چیک نکال کر پیش کر دیا اور بولا، "یہ لیجیے میرا چیک۔ آج بدھ کا دن ہے اور اکتوبر کی دوسری تاریخ۔ میں اس کمرے میں ۲۱ دسمبر کو پونے نو بجے رات آپ سے ملوں گا۔ ورنہ شرط ہار جاؤں گا۔"

سب لوگوں نے اس شرط کو قبول کر لیا۔

اس کے بعد فاگ اپنے گھر گیا اور اپنے فرانسیسی ملازم پاسپتو کھ ساری باتیں بتائیں اور کہا، "جلدی سے ضروری سامان کچھ رکھ لو۔ دو قمیضیں اور تین جوڑے موزے کافی ہوں گے۔ باقی کپڑے ہم راستے میں خریدتے رہیں گے۔"

چنانچہ پاسپتو تو سامان باندھنے لگا اور خود فاگ نے اپنے تھیلے میں نوٹوں کے بنڈل رکھ لیے۔ تھوڑی دیر بعد میں جب دونوں تیار ہو گئے تو فاگ نے کہا، "پاسپتو، اس تھیلے کا خیال رکھنا۔ اس میں بیس ہزار پاؤنڈ ہیں۔"

اسٹیشن پر فاگ کے دوست جمع تھے۔ فاگ نے کہا، "دوستو! اب میں روانہ ہوتا ہوں۔ جب واپس آؤں تو میرے پاسپورٹ سے دیکھ لینا کہ میں نے ساری دنیا کا چکر لگایا ہے یا نہیں۔"

ایک دوست بولا، "بس تمہاری زبان کافی ہے۔ مگر یاد رکھنا۔ تم کو ۲۱ دسمبر کو لندن پہنچنا ہے۔"

دوسرا بولا، "پونے نو بجے رات۔"

فلییس فاگ کی روانگی کے ساتویں دن لندن کے پولیس کمشنر کے پاس حسب ذیل ایک تار آیا:

سوئیز سے لندن

کووَن، کمشنر آف پولیس، اسکاٹ لینڈ اسکوائر۔

میں نے بنک کے چور فلییس فاگ کو تلاش کر لیا ہے۔ اس کی گرفتاری کا وارنٹ فوراً بمبئی روانہ کر دیجیے۔

فکس (سراغ رساں)

جو پولیس افسر تار لایا تھا اس نے کمشنر سے کہا، "چور کا حلیہ فاگ سے ملتا ہے۔ آپ کو یاد ہو گا چور کے بارے میں یہ بتایا گیا ہے کہ وہ کوئی آسودہ حال شخص ہے۔ میرا خیال ہے کہ فاگ نے دنیا کا چکر لگانے کی شرط محض دھوکا دینے کے لیے لگائی ہے۔"

کمشنر نے کہا، "ہم فاگ کی گرفتاری کا وارنٹ بمبئی بھیج دیں گے۔"

ادھر یہ ہوا کہ سراغ رساں فکس مسٹر فاگ کے ساتھ اسی جہاز میں سفر کر رہا تھا، لیکن اسے نہیں معلوم تھا کہ جہاز دو روز قبل بمبئی پہنچنے والا ہے، کیوں کہ مسٹر فاگ نے جہاز کے عملے کو بہت سارو پیہ دے دیا تھا۔ چنانچہ جوں ہی جہاز بمبئی میں لنگر انداز ہوا سراغ رساں فکس پولیس کے صدر دفتر پہنچا۔ وہاں اسے معلوم ہوا کہ گرفتاری کا وارنٹ ابھی نہیں آیا ہے۔ اب تو فکس بڑا اسٹ پٹایا۔ ہندوستانی پولیس افسر سے کہنے لگا، "لیکن چور تو کلکتے چلا جا رہا ہے!"

ہندوستانی افسر بولا، "بغیر وارنٹ ہم کچھ نہیں کر سکتے۔"

چنانچہ فکس بھاگا بھاگا اسٹیشن پہنچا۔ یہاں فاگ کھڑا تھا۔ اتنے میں اس کا ملازم پاسپتو ہانپتا ہوا آ پہنچا۔ فاگ نے اس سے پوچھا، "تمہیں اتنی دیر کہاں لگ گئی؟"

پاسپتو بولا، "جناب، مجھے لوگوں نے گھیر لیا تھا۔ میں ایک مندر میں داخل ہو گیا تھا۔ جوتے اتارنے کا مجھے خیال نہیں آیا۔ بس پھر کیا تھا۔ مندر کے سارے پجاری مجھ پر پل پڑے اور لگے پیٹنے۔ بڑی مشکل سے میں نے اپنی جان بچائی اور بھاگتا بھاگتا یہاں آیا۔"

فاگ نے کہا، "دیکھو آئندہ ایسا نہ ہو!"

ملازم بولا، "ٹھیک جناب۔"

یہ تمام باتیں سراغ رساں فکس قریب کھڑا سن رہا تھا۔ لہذا وہ اپنے دل میں سوچنے لگا کہ چلو بڑا اچھا ہوا۔ ہندوستان کی سرزمین پر ایک جرم سرزد ہو گیا ہے۔ بس اب میں اسے پکڑ لوں گا!

بہر حال دو روز ریل کا سفر جاری رہا۔ اس کے بعد اچانک ریل رک گئی۔ فاگ نے کنڈکٹر سے پوچھا، "اس وقت ہم لوگ کہاں ہیں اور یہ ریل کیوں رک گئی ہے؟"

کنڈکٹر نے کہا، "ہم لوگ اس وقت کھولبی گاؤں کے پاس ہیں۔ گاڑی رکنے کی وجہ یہ ہے کہ پٹری پوری طرح نہیں بچھی ہے۔"

یہ سن کر ایک فوجی افسر سر فرانسس جو قریب ہی بیٹھا تھا بولا، "لیکن اخباروں میں تو لکھا تھا کہ پٹری بچھائی جا چکی ہے اور تم لوگ بمبئی سے کلکتے تک کا ٹکٹ بھی تو فروخت کر رہے ہو۔"

اس پر کنڈکٹر بولا، "کھولبی سے الہ آباد تک مسافر خود اپنے سفر کا انتظام کرتے

ہیں۔"

لہذا سب کو گاڑی سے اترنا پڑا۔ فوجی افسر بولا، "مسٹر فاگ، اس سے تو آپ کے لیے بڑی تاخیر ہو جائے گی۔"

فاگ نے کہا، "جی نہیں سر فرانسس، میں دو دن آگے ہوں، اس لیے اتنی تاخیر آسانی سے برداشت کر سکتا ہوں۔ ۲۵ تاریخ کو کلکتے سے ہانگ کانگ کے لیے ایک جہاز روانہ ہونے والا ہے اور آج ۲۳ تاریخ ہے۔ ہم وقت پر کلکتے پہنچ جائیں گے۔"

سر فرانسس اس یقین کے آگے کچھ بھی نہ کہہ سکے۔

اتنے میں پاسپتو نے سفر جاری رکھنے کے لیے ایک ہاتھی تلاش کر لیا۔ فاگ کو ہاتھی پر بٹھاتے ہوئے پاسپتو نے کہا، "یہ دیکھیے جناب، لیکن اس کے دام بہت زیادہ دینے پڑیں گے۔"

قصہ مختصر دو ہزار پاؤنڈ پر ہاتھی خرید لیا گیا اور یہ لوگ اس پر سوار ہو کر روانہ ہو گئے۔ کئی گھنٹوں کے بعد ہاتھی اچانک رک گیا۔ فاگ نے مہاوت سے پوچھا، "کیا بات ہے؟"

مہاوت بولا، "برہمنوں کا ایک جلوس آرہا ہے۔ ہمیں ان کی نظروں سے دور ہی رہنا چاہیے۔"

چنانچہ مہاوت نے ہاتھی کو گھنے درختوں کے جھنڈ میں لے جا کر روک لیا۔ تھوڑی دیر بعد ایک بڑا جلوس دکھائی دیا۔ فاگ اور اس کے ساتھیوں نے درختوں کی آڑ میں سے عجیب و غریب سی رسم دیکھی۔ ایک بڑی سی بیل گاڑی پر ایک مورت کھڑی تھی۔ فاگ نے مورت دیکھ کر کہا، "یہ کالی دیوی ہے محبت اور موت کی دیوی۔"

اس پر سر فرانسس بولے، "صرف موت کی دیوی کہو۔ بلا کہیں کی!"

اتنے میں مہاوت بولا، "ذرا خاموش رہیے۔"

سر فرانسس نے کہا، "ارے یہ تو ستی والا معاملہ ہے!"

فاگ نے پوچھا، "یہ ستی کیا ہے؟"

مہاوت بولا، "انسان کی قربانی جو عموماً خود ہی دی جاتی ہے۔ کل صبح تڑکے اس عورت کو اس کے شوہر کی لاش کے ساتھ زندہ جلا دیا جائے گا۔"

جلوس میں کچھ لوگ ایک بوڑھے آدمی کی لاش اٹھائے چلے جا رہے تھے اور اسی کے آگے آگے ایک خوبصورت نوجوان عورت کو لوگ پکڑے لیے جا رہے تھے۔ چاروں طرف آدمی ننگی تلواریں لیے اس عورت کو گھیرے ہوئے تھے۔

جب جلوس گزر گیا تو فلییس فاگ اور سر فرانسس نے اس پر گفتگو کی۔ مہاوت بولا، "یہ عورت خود نہیں مرنا چاہتی، مگر چوں کہ اسے نشہ پلا دیا گیا ہے، اس لیے یہ مزاحمت نہیں کر رہی ہے۔"

فاگ نے پوچھا، "مگر اسے کہاں لیے جا رہے ہیں۔"

مہاوت نے جواب دیا، "پلاجی کے مندر۔ یہاں سے دو میل دور ہے۔ رات بھر یہ عورت وہیں رہے گی۔"

یہ سن کر فاگ نے کہا، "میرے پاس دو گھنٹے کا وقت ہے۔ میرا خیال ہے کہ ان دو گھنٹوں کو اس عورت کے بچانے میں صرف کر دوں۔"

اس پر سر فرانسس بولے، "آپ تو بڑے نرم دل انسان معلوم ہوتے ہیں۔"

بہر حال یہ لوگ بڑی احتیاط سے بچتے بچاتے اس جگہ تک پہنچ گئے جہاں عورت کی قربانی دی جانے والی تھی۔ سر فرانسس نے کہا، "میرا خیال ہے رات تک ہم لوگوں کو انتظار کرنا چاہیے۔ اس کے بعد پھر کچھ کیا جائے۔"

اتنے میں فاگ نے مہاوت سے پوچھا، "اس عورت کے بارے میں تم کیا جانتے ہو؟"

مہاوت نے کہا، "اس کا نام رادھا ہے۔ وہ بمبئ کے ایک بڑے تاجر کی بیٹی ہے۔ اس کی شادی زبردستی ایک راجا سے کر دی گئی تھی۔ جب راجا مر گیا تو یہ وہاں سے بھاگی، کیوں کہ وہ جانتی تھی کہ اس کا انجام کیا ہو گا، لیکن اسے پکڑ لیا گیا اور اب اسے ستی ہونے کے لیے لے جا رہے ہیں۔

فلیس فاگ، اس کا ملازم پاسپتو، سر فرانسس اور مہاوت اندھیرے میں مندر کے قریب پہنچ گئے۔ کچھ دور پر آگ جل رہی تھی جس میں راجا کی لاش کو اور اس کی بیوہ کو جلایا جانے والا تھا۔ فاگ نے کہا، "ایک گھنٹے میں صبح ہو جائے گی۔"

غرض انسانی قربانی کا وقت قریب آتا جا رہا تھا، لیکن رادھا کو بچانے کے لیے فاگ اور اس کے ساتھیوں کی سمجھ میں کوئی ترکیب نہیں آ رہی تھی۔ چاروں طرف سے لوگ رادھا کو گھیرے ہوئے تھے۔ آخر کار رادھا بھنگ اور افیم کے نشے کی وجہ سے بے ہوش ہو گئی اور اسے لوگوں نے راجا کی لاش کے قریب لٹا دیا۔ اس کے بعد جونہی لکڑیوں میں مشعل لگائی گئی آگ بھڑک اٹھی کیوں کہ لکڑیوں پر تیل چھڑکا ہوا تھا۔ پاسپتو سے اب اور زیادہ دیکھا نہ گیا لہذا وہ پھاند پڑا۔ چشم زدن لوگوں نے دیکھا کہ ایک لاش زندہ ہو کر کھڑی ہو گئی ہے۔

بات یہ ہوئی کہ پاسپتو نے لپک کر رادھا کو اٹھا لیا مگر لوگ سمجھے کہ راجا زندہ ہو گیا ہے اور اس نے رادھا کو اٹھا لیا ہے۔ پھر تمام پنڈتوں، سادھوؤں اور پجاریوں پر دہشت طاری ہو گئی اور ڈر کے مارے کسی نے بھی نظر اٹھا کر دیکھنے کی ہمت نہ کی۔ چنانچہ دھوئیں اور کہر سے فائدہ اٹھاتے ہوئے پاسپتو رادھا کو لے بھاگا اور یہ لوگ سب

ہاتھی پر سوار ہو کر روانہ ہو گئے، لیکن تھوڑی دیر بعد لوگوں کو پتا چل گیا کہ کیا ہوا۔ پھر تو سب نے ہاتھی کا پیچھا کیا اور تیروں اور گولیوں کی بوچھاڑ کر دی، مگر بھاگنے والے بچ کر نکل گئے۔ پھر کئی گھنٹوں کے سفر کے بعد یہ لوگ الہ آباد پہنچے جہاں انہیں دوسری ریل گاڑی میں سوار ہونا تھا۔ سر فرانسس نے فاگ سے کہا، "مسٹر فاگ! آپ اس نوجوان عورت کو ہندوستان میں نہ چھوڑیے گا ورنہ یہ لوگ اسے ضرور مار ڈالیں گے۔"

فاگ نے کہا، "میں آپ کے مشورے کو یاد رکھوں گا۔ فی الحال تو میں اسے اپنے ہی ساتھ لیے جاتا ہوں۔"

تھوڑی دیر بعد یہ لوگ ریل پر سوار ہو گئے۔ فاگ نے ہاتھی مہاوت کو دے دیا۔ ریل میں رادھا نے اپنے بچانے والوں کا شکریہ ادا کیا۔ جب اس سے اس کے رشتے داروں کے بارے میں پوچھا گیا تو اس نے بتایا کہ اس کا ایک چچا ہانگ کانگ میں تجارت کرتا ہے۔ فاگ نے کہا، "بس تو پھر ہم تم کو ہانگ کانگ لیے چلتے ہیں۔"

کلکتے سے پہلے ایک اسٹیشن پر سر فرانسس اتر گئے کیوں کہ انہیں اسی جگہ اپنی رجمنٹ میں شامل ہونا تھا۔ فاگ، پاسپتو اور رادھا نے اپنا سفر جاری رکھا۔

آخر یہ لوگ کلکتے پہنچ گئے، لیکن وہاں پہنچتے ہی پولیس کے ایک افسر نے انہیں آ گھیرا اور بولا، "مسٹر فلیس فاگ! آپ اپنے ملازم کو لے کر ہمارے ساتھ چلیے۔"

چنانچہ ان کو ایک عدالت میں پیش کیا گیا۔ جج نے کہا، "تم لوگوں کی دو دن سے تلاش ہو رہی تھی۔"

فاگ نے پوچھا، "ہمارے اوپر آخر الزام کیا ہے؟"

سرکاری وکیل بولا، "خاموش رہو، تم کو ابھی بتایا جاتا ہے۔"

اس کے بعد جج نے کہا، "مدعی کو حاضر کرو۔"

یہ کہنا تھا کہ عدالت میں بہت سے پجاری داخل ہو گئے۔ پاسپتو سمجھا کہ یہ وہی پجاری ہیں جو رادھا کو ستی کرنے والے تھے۔ اتنے میں جج بولا، "فلییس فاگ تم نے اور تمہارے نوکر نے مندر کی بے حرمتی کی ہے۔"

فاگ نے کہا، "میں اس کا اعتراف کرتا ہوں۔"

جج نے حیران ہو کر کہا، "اچھا تم اقبال جرم کرتے ہو؟"

فاگ نے کہا، "میں اقبال جرم کرتا ہوں اور مجھے امید ہے کہ یہ پجاری بھی بتائیں گے کہ یہ پلاجی کے مندر میں کیا کرنے والے تھے۔"

اس پر جج نے ایک جوڑی جوتے اٹھا کر دکھائے اور بولا، "نہ جانے تم کیا کہہ رہے ہو۔ تم پر یہ الزام ہے کہ تمہارا نوکر ان جوتوں کو پہنے ہوئے بمبئی کے ایک مندر میں داخل ہو گیا تھا۔"

دراصل اس کاروائی کا الزام سراغ رساں فکس نے کیا تھا۔ وہ بھی یہاں موجود تھا۔ وہ چاہتا تھا کہ کسی نہ کسی بہانے ان لوگوں کو اس وقت تک یہاں روک لیا جائے جب تک کہ چوری کے الزام میں فاگ کی گرفتاری کا وارنٹ نہیں پہنچ جاتا۔ بہر حال جج نے اپنا فیصلہ سنا دیا۔ پاسپتو کو پندرہ دن کی قید اور تین سو پاؤنڈ کا جرمانہ اور مسٹر فاگ چوں کہ اپنے ملازم کی حرکتوں کے ذمے دار سمجھے گئے لہذا انہیں آٹھ دن کی قید اور ڈیڑھ سو پاؤنڈ جرمانہ ہوا۔ یہ فیصلہ سن کر پاسپتو سوچنے لگا اس طرح تو ایک ہفتے کی دیر ہو جائے گی۔ میرا مالک تو تباہ ہو جائے گا، لیکن فاگ اتنی آسانی سے ہارنے والا آدمی نہ تھا۔ اس نے دو ہزار پاؤنڈ کی ضمانت داخل کر دی اور آزادی حاصل کر لی۔ اس کے بعد فاگ ضمانت کی رقم ضبط کیے جانے کی پروا کیے بغیر ایک کشتی میں بیٹھ کر روانہ ہو گیا۔ اس کا ملازم اور رادھا بھی اس کے ساتھ تھی۔

سراغ رساں فکس نے جو یہ دیکھا تو دل ہی دل میں کہنے لگا، "دو ہزار پاؤنڈ کی قربانی دے کر یہ آخر پھر چمپت ہو گیا۔ ایک چور ہی اس طرح روپیہ برباد کر سکتا ہے۔ چاہے کچھ بھی ہو میں بھی اس کے پیچھے لگا رہوں گا۔"

لہذا اس نے بھی ایک کشتی کرائے پر لی اور فاگ کے پیچھے چل دیا۔ دونوں کشتیوں کے مسافر جب جہاز پر سوار ہو گئے تو فکس نے اپنی اصلیت کو چھپائے رکھا، مگر پاسپتو سے دوستی کی پینگ بڑھاتا رہا۔ پاسپتو کو فکس کے بارے میں کچھ شبہ تو ہوا، مگر وہ یہ سمجھا کہ شاید فکس کو ان لوگوں نے بھیجا ہے جن سے فاگ نے شرط لگائی ہے اور یہ اس لیے پیچھا کر رہا ہے کہ خود اپنی آنکھوں سے دیکھ لے کہ فاگ نے واقعی دنیا کا چکر لگایا یا نہیں۔

غرض جب یہ لوگ ہانگ کانگ پہنچے تو پتا چلا کہ رادھا کے چچا امریکا چلے گئے ہیں۔ چنانچہ یہ طے کیا گیا کہ رادھا کو لے کر یہ لوگ امریکا چلے جائیں۔ فکس کو پتا چل گیا کہ فاگ امریکا جانے والا ہے۔ فکس چاہتا تھا کہ فاگ کو ہانگ کانگ میں روک لے تا کہ وارنٹ گرفتاری جب آ جائے تو اسے یہیں گرفتار کر لے، کیوں کہ ہانگ کانگ پر انگریزوں کی حکومت ہے۔ چنانچہ اس نے پاسپتو سے کہا، "میں تمہارے آقا کے بارے میں تم سے چند اہم باتیں کرنا چاہتا ہوں۔"

پاسپتو اس وقت جہاز کی روانگی کا وقت معلوم کرنے جا رہا تھا۔ فکس نے اسے دھوکا دے کر شراب خانے میں پہنچا دیا۔ فکس کو اب یقین ہو گیا تھا کہ پاسپتو بنک کی چوری میں فاگ کے ساتھ شریک نہیں ہے، لیکن فاگ کو وہ ابھی تک چور ہی سمجھ رہا تھا۔ جب دونوں بیٹھ گئے تو فکس نے پاسپتو سے کہا، "دیکھو میں ایک پولیس افسر ہوں۔ تمہیں ہماری مدد کرنی چاہیے۔ میں چاہتا ہوں کہ مسٹر فاگ ہانگ کانگ میں رک جائیں

تاکہ جب وارنٹ آ جائے تو میں انہیں گرفتار کر لوں۔ تمہارے آقا نے بنک کا روپیہ چرایا ہے۔ چور کو گرفتار کرنے کے سلسلے میں جو دو ہزار پاؤنڈ انعام ملے گا۔ اس میں سے آدھا میں تمہیں دے دوں گا۔"

یہ سن کر پاسپتو بولا، "جس گاؤں کا میں رہنے والا ہوں وہاں کے لوگ اس قسم کی دولت کو ٹھوکر مارتے ہیں۔ اول تو میرا آقا چور نہیں ہے اور اگر وہ چور بھی ہے تب بھی میں نے اس کی نیکیاں دیکھی ہیں۔ میں اسے کبھی دھوکا نہیں دے سکتا۔"

اس پر فکس بولا، "اچھا تو پھر یوں سمجھ لو کہ گویا میں نے تم سے کچھ کہا ہی نہیں ہے۔ آؤ کچھ کھا پی لو۔"

اس کے بعد فکس نے پاسپتو کے گلاس میں کوئی خواب آور دوا ڈال دی۔ لہذا اس کے پیتے ہی پاسپتو بے ہوش ہو گیا۔

فکس جب پاسپتو کو ٹھکانے لگا چکا تو اس کی ہمت اور بڑھ گئی اور وہ فاگ کے پاس پہنچا۔ اس وقت فاگ اور راد ھا کھڑے پاسپتو کا انتظار کر رہے تھے۔ فکس نے ان سے باتیں شروع کر دیں۔ باتوں باتوں میں فاگ نے بتایا کہ وہ اپنے ملازم کا انتظار کر رہا ہے اور جاپان جانے والا ہے۔ اس پر فکس بولا، "پھر تو آپ کو دوسرے جہاز کے لیے ایک ہفتے انتظار کرنا پڑے گا۔"

فکس اپنے دل میں بڑا خوش ہو رہا تھا کہ اس نے فاگ کے راستے میں رکاوٹ ڈال دی ہے، لیکن فاگ بھلا کہاں رکنے والا آدمی تھا۔ اس نے فوراً ایک دوسرے کپتان سے رابطہ قائم کیا۔ یہ کپتان شنگھائی جا رہا تھا۔ فکس سائے کی طرح ساتھ ساتھ لگا ہوا تھا۔ آخر اس نے فاگ کے ساتھ جانے کی اجازت مانگی۔ فاگ نے اس کی یہ بات منظور کر لی اور یہ لوگ جہاز پر روانہ ہو گئے۔ جب یہ جہاز آدھا راستہ طے کر چکا تو بڑا زبردست

طوفان آیا۔ جہاز کے کپتان نے چاہا کہ قریبی بندرگاہ کی جانب گھوم جائے مگر فاگ نے اس کی اجازت نہ دی۔ اسی عرصے میں فکس نے اپنے سفر خرچ کی رقم فاگ کو دینا چاہی مگر فاگ نے اسے قبول نہ کیا۔

اب ذرا پاسپتو کا حال سنیے۔ فاگ تو شنگھائی جارہے تھے اور پاسپتو یوکوہاما (جاپان) پہنچ رہا تھا۔ ہوا یہ کہ جب اسے ہوش آیا تو وہ سیدھا جہاز پر پہنچا۔ اسے یہ خیال نہیں رہا کہ اپنے آقا کو جہاز کی روانگی کا وقت تو بتاہی نہیں پایا۔ اب یوکوہاما میں وہ بغیر پیسے کوڑی تنہا آگیا تھا۔ اتنے میں اس نے دیکھا کہ سامنے ایک جاپانی سرکس ہے۔ اشتہار میں لکھا تھا کہ یہ سرکس کل امریکا روانہ ہونے والا ہے۔ چنانچہ پاسپتو اس سرکس میں ملازم ہو گیا۔

ادھر جب فاگ یوکوہاما پہنچا تو وقت گزارنے کے لیے رادھا کو لے کر سرکس پہنچ گیا۔ پاسپتو اسی سرکس کا مسخرہ بنا ہوا تھا۔ لمبی سی رنگین ناک لگائے وہ طرح طرح کی حماقتیں کر رہا تھا۔ رادھانے اسے پہچان لیا۔ اس کے بعد پاسپتو جب ان کے قریب پہنچا تو اس نے بھی ان لوگوں کو دیکھ لیا اور دیکھتے ہی خوشی سے چلایا، "میرے آقا۔۔۔۔ رادھا!"

فاگ نے اس سے کہا، "اب جہاز پر چلو۔"

راستے میں پاسپتو نے اپنے حالات بتائے مگر فکس کے بارے میں جان بوجھ کر تذکرہ نہیں کیا۔ اس جہاز پر فاگ اور اس کے ساتھی اکیس روز میں سان فرانسسکو پہنچنے والے تھے۔ لہٰذا ان تمام دشواریوں کے باوجود فاگ اب بھی وقت کے مطابق سفر کر رہا تھا۔ سراغ رساں فکس بھی اسی جہاز پر موجود تھا، مگر وہ پاسپتو سے دور ہی رہتا تھا۔ بہر حال ایک دن فکس اور پاسپتو کی مڈ بھیڑ ہو ہی گئی۔ بس پھر کیا تھا۔ پاسپتو نے آؤ

دیکھا نہ تاؤ، تان کر ایک مکا فکس کے جبڑے پر ایسا مارا کہ وہ دھڑام سے زمین پر گر پڑا۔ فکس اپنا جبڑا پکڑ کر بولا، "تم نے مجھے مارا۔ میں اسی کا مستحق تھا، مگر اب میری بات سنو۔ ابھی تک تو میں مسٹر فاگ کا مخالف تھا، لیکن اب آج سے میں ان کا معاون ہوں۔"

پاسپتو بولا، "تو اب تمہاری سمجھ میں آگیا کہ وہ ایک ایماندار آدمی ہیں۔"

یہ سن کر فکس نے کہا، "نہیں میں اب بھی ان کو چور ہی سمجھتا ہوں۔ جس وقت تک مسٹر فاگ انگریزی عملداری میں رہے میں نے انہیں روکنا چاہا، لیکن اب مسٹر فاگ انگلستان واپس جا رہے ہیں۔ لہذا اب میں ان کے راستے کی تمام دشواریوں کو دور کرنے کی کوشش کروں گا۔"

اتنا کہہ کر فکس نے مصافحہ کرنے کے لیے اپنا ہاتھ آگے بڑھایا اور بولا، "کیا اب ہم اور تم ایک دوسرے کے دوست رہیں گے ؟"

پاسپتو نے بے نیازی سے جواب دیا، "نہیں، ہم صرف ایک دوسرے کے ساتھی ہیں۔ میں نے اگر ذرا بھی تمہاری دغابازی دیکھی تو میں تمہاری گردن مڑوڑ دوں گا۔"

بہرحال یہ لوگ وقت پر سان فرانسسکو پہنچ گئے۔ اتنے عرصے میں مسٹر فاگ کا نہ تو ایک دن ضائع ہوا اور نہ ایک دن کا فائدہ ہوا۔ اس کے بعد یہ لوگ ریل میں سوار ہو گئے۔ فکس نے کہا، "کہتے ہیں پرانے زمانے میں سان فرانسسکو سے نیویارک تک پہنچنے میں چھ مہینے لگ جاتے تھے۔"

اس پر فاگ بولا، "ہم لوگ سات دن میں پہنچ جائیں گے اور اس کے بعد لیور پول کے لیے جہاز پر سوار ہو جائیں گے۔"

ریل بیس میل فی گھنٹے کی رفتار سے پہاڑی دروں میں سے گزرتی چلی جا رہی تھی۔

دو ایک جگہ گاڑی کو رکنا پڑا۔ اس تاخیر کے بارے میں فاگ نے بھی نہ سوچا تھا۔ ایک بار دس ہزار بھینسوں کے غول نے ریل کو روک دیا۔ اس غول کے گزرنے میں شام ہو گئی۔ پاسپتو نے بھینس کبھی نہیں دیکھی تھی، لیکن اسے ان جانوروں پر بڑا غصہ آ رہا تھا۔ کہنے لگا، "عجیب ملک ہے، جہاں مویشی ریل کو روک لیتے ہیں۔"

ریل کے سفر کے دوران مسٹر فاگ ایک دوسرے مسافر کرنل پراکٹر کے ساتھ تاش کھیلنے لگے۔ کھیل میں کرنل صاحب جب ہارنے لگے تو انہوں نے فاگ پر بے ایمانی کا الزام لگا دیا۔ چوں کہ یہ عزت کا معاملہ تھا لہذا فاگ نے کرنل کو چیلنج کیا کہ دو بدو مقابلہ کریں اور ڈوئل لڑیں۔ طے یہ پایا گیا کہ گاڑی جب پلم کریک پر رکے تو وہیں پستول لے کر دونوں لڑیں گے۔ مگر گاڑی جب پلم کریک کے قریب آئی تو کنڈکٹر نے آ کر یہ بتایا کہ گاڑی وہاں نہیں رکے گی، کیوں کہ ۲۰ منٹ کی تاخیر پہلے ہی ہو چکی ہے۔ یہ سن کر کرنل صاحب بولے، "مگر ہم تو وہاں ڈوئل لڑنے والے تھے۔"

اس پر کنڈکٹر نے کہا، "تو آپ ریل میں ہی ایک دوسرے سے مقابلہ کریں۔"

چنانچہ ریل کا ایک حصہ مسافروں سے خالی کرا لیا گیا اور دونوں حریف اپنی اپنی عزت کی مدافعت کے لیے پستول لے کر لڑنے کے لیے آمنے سامنے کھڑے ہو گئے۔ یہ طے ہوا کہ جوں ہی انجن اب سیٹی بجائے دونوں ایک دوسرے پر گولی چلا دیں۔ ابھی یہ باتیں طے ہی ہوئی تھیں کہ اتنے میں ریل گاڑی کو اچانک ایک ایسا زبردست جھٹکا لگا کہ سب لوگ ادھر ادھر گر پڑے اور اسی کے ساتھ وحشیوں کی چیخ پکار کا شور سنائی دیا۔ دراصل ہوا یہ تھا کہ ریڈ انڈین قبائل نے ریل پر حملہ کر دیا تھا۔ یہ کوئی نئی بات نہ تھی۔ ان دنوں اکثر ایسا ہوتا رہتا تھا۔ چنانچہ گاڑی کے دونوں جانب وحشی ریڈ انڈین اپنے گھوڑوں پر سوار گولیاں چلا رہے تھے۔ کچھ وحشی ریڈ انڈین ریل کی چھت

پر بھی سوار ہو گئے تھے۔ کچھ ریل کے اندر گھس آئے تھے۔ غرض ایک عجیب ہنگامہ برپا تھا۔ ہر طرف قتل و غارت گری کا بازار گرم تھا۔ ریل کے اندر گھمسان کی لڑائی ہو رہی تھی۔

بے چارہ کنڈکٹر شروع میں ہی مارا گیا۔ مسافروں نے بھی بڑی بہادری سے مقابلہ کیا۔ فاگ، کرنل پراکٹر اور پاسپتو نے بڑی دلیری سے وحشیوں کا منہ توڑ جواب دیا۔ رادھا ایک کونے میں دبکی بیٹھی رہی۔ جس جگہ حملہ ہوا تھا اس سے دو میل دور قلعہ کیرنی واقع تھا۔ چنانچہ وہاں جو گولیاں چلنے کی آواز سنائی دی تو سپاہی جلدی جلدی گھوڑوں پر سوار ہو کر ریل کے مسافروں کی مدد کو موجود ہوئے۔ سپاہیوں کے آ جانے سے حملہ آور بھاگ کھڑے ہوئے۔ اب جو مسافروں کی گنتی کی گئی تو پتا چلا کہ تین مسافر غائب ہیں۔ ان ہی میں پاسپتو بھی تھا۔ مسٹر فاگ نے ان لوگوں کی تلاش کا بیڑا اٹھایا۔ قلعہ سے آئے ہوئے ۳۰ سپاہی مسٹر فاگ کے ساتھ ہو لیے۔ چنانچہ تھوڑی ہی دیر بعد مسٹر فاگ اور ان کے ساتھی سپاہی حملہ آوروں کی تلاش میں چل پڑے۔ قلعہ کیرنی سے دس میل جنوب کی جانب ایک جگہ پر حملہ آور نظر آ گئے۔ وہ اب بڑے اطمینان سے چلے جا رہے تھے۔ مسٹر فاگ اور ان کے ساتھیوں نے اچانک ان پر حملہ کر دیا۔ یہ حملہ اتنا اچانک ہوا تھا کہ ریڈ انڈین اس کی تاب نہ لا سکے اور جان بچا کر بھاگے۔ جن تین آدمیوں کو وہ اپنا قیدی بنائے ہوئے تھے انہیں چھوڑ گئے۔ پاسپتو بھی انہی میں تھا۔ جب پاسپتو اپنے آقا سے ملا تو وہ بہت خوش ہوا۔

غرض ۱۰ دسمبر کو چار بجے سہ پہر مسٹر فاگ اور ان کے ساتھی شکاگو پہنچ گئے۔

رادھا نے پوچھا، "یہاں سے نیویارک کا کتنا فاصلہ ہے؟"

مسٹر فاگ نے کہا، "۹۰۰ میل"

فکس بولا، "چائنا نامی ایک جہاز کل ۹ بجے رات نیویارک سے لیورپول روانہ ہو جائے گا۔"

پاسپتو نے کہا، "اللہ کرے ہم وقت پر پہنچ جائیں۔"

دوسرے دن ٹھیک رات ۹ بج کر ۳۵ منٹ پر یہ لوگ نیویارک کی بندرگاہ پر پہنچے۔ یہاں ان کو پتا چلا کہ جہاز تو ۳۵ منٹ قبل ہی روانہ ہو گیا۔ اس جہاز کی روانگی کے ساتھ مسٹر فاگ کی ساری امیدیں ختم ہو گئیں۔ پاسپتو کو بڑا صدمہ ہوا۔ وہ اپنے دل میں سوچنے لگا کہ جب بھی کہیں دیر ہوئی ہے تو وہ میری ہی وجہ سے ہوئی ہے۔ لیکن مسٹر فاگ نے ہمت نہ ہاری۔ وہ ایک دوسرے جہاز کے پاس پہنچے اور بولے، "میں نے سنا ہے تمہارا جہاز فرانس جانے والا ہے۔ کیا کچھ مسافر بھی لے جاسکتے ہو؟"

کپتان بولا، "نہیں، مسافر تو ہم کبھی نہیں لے جاتے۔"

مسٹر فاگ نے بہتیری کوشش کی کہ کپتان اسے اور اس کے ساتھیوں کو لیورپول پہنچا دے مگر کپتان نہ مانا۔ آخر فاگ نے کپتان سے کہا کہ اچھا ہم لوگوں کو فرانس ہی تک پہنچا دو۔ ہم دو ہزار ڈالر فی مسافر دیں گے۔ اتنی بڑی رقم سن کر کپتان راضی ہو گیا۔ فاگ نے فوراً رقم دے دی اور یہ لوگ جہاز پر سوار ہو گئے۔

جہاز کی روانگی کے تھوڑی ہی دیر بعد کپتان کو اس کے کمرے میں بند کر دیا گیا اور جہاز فرانس کے بجائے سیدھا لیورپول کی جانب روانہ ہو گیا۔ یہ ساری کاروائی دراصل مسٹر فاگ نے کروائی تھی۔ انہوں نے جہاز کے عملے کو اس کام کے لیے بہت سا روپیہ دے دیا تھا۔

۱۶ دسمبر مسٹر فاگ کی روانگی کا پچھترواں دن تھا۔ جہاز بڑی تیزی سے چل رہا تھا۔ ایک روز جہاز کے انجینئر نے مسٹر فاگ کو بتایا کہ کوئلا کم ہو گیا ہے۔ فاگ نے فورا

ایک ترکیب سوچ لی۔ اس نے کپتان کو بلوایا۔ کپتان غصے سے آگ بگولا ہو رہا تھا۔ آتے ہی چیخنے لگا، "تم لوگ ڈاکو ہو۔ تم نے میرے جہاز پر زبردستی قبضہ کیا ہے۔"

مسٹر فاگ نے اس سے کہا، "دیکھو، میں یہ جہاز تم سے خرید لینا چاہتا ہوں، کیوں کہ مجھے اسے جلانا پڑے گا۔"

یہ سن کر کپتان چلایا، "میرے ۵۵ ہزار ڈالر کے جہاز کو تم جلا ڈالنا چاہتے ہو؟"

فاگ نے کہا، "میں تم کو ۶۰ ہزار ڈالر دوں گا۔ مجھے ۲۱ تاریخ کو رات ۸ بج کر ۴۵ منٹ پر لندن پہنچ جانا ہے ورنہ میں بیس ہزار پاؤنڈ ہار جاؤں گا۔"

آخر کپتان راضی ہو گیا۔ اس کے بعد مسٹر فاگ نے جہاز میں جہاں جہاں لکڑی لگی ہوئی تھی وہ سب نکلوائی اور اسے ایندھن کے طور پر استعمال کروا دیا تاکہ جہاز کی رفتار تیز رہے۔ اب جہاز کا صرف لوہے کا ڈھانچہ باقی رہ گیا تھا۔

۲۰ دسمبر کو یہ جہاز آئرلینڈ کے ساحل کے قریب پہنچا۔ رات دس بجے یہ لوگ کوئنس ٹاؤن سے گزر رہے تھے۔ اب فلییس فاگ کے پاس لندن پہنچنے کے لیے صرف چوبیس گھنٹے باقی رہ گئے تھے۔ ۲۱ دسمبر کو ۱۲ بجنے میں ۲۰ منٹ باقی تھے کہ مسٹر فاگ لیورپول پہنچ گئے۔ اب ان کے پاس نو گھنٹے کا وقت تھا جس میں چھے گھنٹے کا سفر کرنا تھا۔ لیکن یہاں ایک عجیب معاملہ پیش آ گیا۔ جونہی یہ لوگ لیورپول پہنچے اور جہاز سے اترے تو سراغ رساں فکس نے کہا، "فلییس فاگ! میں تم کو ملکہ کے نام پر گرفتار کرتا ہوں۔"

لہٰذا فلییس فاگ کو رات بھر کے لیے حوالات میں بند کر دیا گیا۔ صبح اسے لندن روانہ کیا جانے والا تھا۔ فاگ نے سوچا کہ اب میرے شرط ہارنے میں کوئی کسر نہیں رہ گئی ہے، لیکن اچانک کچھ ہی دیر بعد فکس نے آ کر فاگ کو آزاد کر دیا اور بولا، "جناب،

اصل چور کو تین دن ہوئے گرفتار کر لیا گیا ہے۔ میں آپ سے معافی کا خواستگار ہوں"

فاگ نے فکس کے چہرے کو دیکھا اور نہایت تیزی سے دونوں ہاتھوں سے اس کے منہ پر ایسے مکے مارے کہ وہ ڈھیر ہو گیا۔ یہ دیکھ کر پاسپتو بولا، "اسے کہتے ہیں مکے بازی!"

اس کے بعد فاگ نے ایک خصوصی ریل گاڑی کا بندوبست کیا۔ یہ ریل گاڑی ۳ بجے روانہ ہوئی اور بڑی تیزی سے چلتی رہی۔ فاگ انجن ڈرائیور کے پاس ہی کھڑا رہا۔ اس نے ڈرائیور سے کہا، "مجھے آج ہی رات پونے نو بجے اپنے لندن کے کلب میں پہنچنا ہے۔"

ڈرائیور نے کہا، "جناب، یہ گاڑی اس سے زیادہ تیز نہیں چل سکتی۔"

بہرحال جب یہ لوگ ساری دنیا کا چکر کاٹ کر لندن پہنچے تو وہاں گھنٹہ گھر میں نو بجنے میں دس منٹ باقی تھے۔ فاگ نے رادھا اور پاسپتو سے کہا، "صرف پانچ منٹ کی دیر ہو جانے سے میں ۲۰ ہزار پاؤنڈ ہار گیا۔"

چنانچہ یہ لوگ نہایت رنجیدہ ہو کر مسٹر فاگ کے گھر چلے گئے۔ فاگ کو بڑا صدمہ تھا۔ رات کو فاگ نے رادھا سے کہا، "خاتون، معاف کرنا، میں تم کو خوامخواہ انگلستان لے آیا۔"

رادھا نے کہا، "اس میں معافی مانگنے کی کیا ضرورت ہے۔"

اس پر فاگ بولا، "میں نے جب تم کو یہاں لانے کا فیصلہ کیا تھا اس وقت میں دولت مند تھا۔ میں نے سوچا تھا کہ میں اپنی دولت میں سے کچھ تم کو بھی دے دوں گا، لیکن اب میں بالکل تباہ ہو چکا ہوں۔"

رادھا نے کہا، "مسٹر فاگ، میری وجہ سے آپ کا کتنا وقت برباد ہوا۔"

فاگ نے کہا، "خاتون، تم ہندوستان میں تو اب نہیں رہ سکتی تھیں۔"

یہ سن کر رادھا نے کہا، "لیکن مسٹر فاگ، اب آپ کیا کریں گے۔ آپ کا کوئی عزیز یار شتے دار نہیں ہے؟"

فاگ نے کہا، "نہیں، میرا کوئی نہیں ہے۔"

اس پر رادھا نے کہا، "اگر آپ کی مرضی ہو تو میں آپ کی خدمت کرنے کے لیے تیار ہوں۔"

یہ سن کر فاگ بہت خوش ہوا اور بولا، "تم سچ کہتی ہو۔ بس اب تم ہی میری شریک حیات بن جاؤ۔"

چنانچہ پاسپتو کو روانہ کیا گیا تاکہ اگلی پیر کو مسٹر فاگ اور رادھا کی شادی کا انتظام کیا جائے۔ پاسپتو ایک پادری کے گھر پہنچا اور اس سے کہا، "میں کل اپنے آقا کی شادی کا بندوبست کرنا چاہتا ہوں۔"

یہ سن کر پادری بولا، "مگر کل تو اتوار ہے۔"

پاسپتو نے جو یہ سنا تو وہ حیران ہو کر بولا، "کیا کہا آپ نے؟ کیا آپ کو یقین ہے کہ کل اتوار ہی ہے؟"

پادری نے کہا، "ہاں مجھے بالکل یقین ہے۔ آج سنیچر ہے!"

یہ سنتے ہی پاسپتو پاگلوں کی طرح بھاگتا ہوا اپنے آقا کے پاس پہنچا اور بولا، "جناب، ہم لوگوں نے ایک دن کی غلطی کر دی۔ آج سنیچر ہے۔ اتوار نہیں ہے۔ حالانکہ ہم لوگ چوبیس گھنٹے پیشتر آ گئے تھے مگر اب آپ کو کلب پہنچنے کے لیے دس منٹ ہی رہ گئے ہیں!"

لہذا جلدی سے ان لوگوں نے ایک گھوڑا گاڑی پکڑی اور اس میں روانہ ہو گئے۔

کلب میں مسٹر فاگ کے دوست نہایت بے چینی سے اس کا انتظار کر رہے تھے۔ چنانچہ جوں ہی گھڑی نے پونے نو بجے کا گجر بجایا مسٹر فلیس فاگ، رادھا اور پاسپتو کو لیے کلب کے اندر داخل ہو گئے اور بولے، "صاحبو! میں حاضر ہوں۔ ٹھیک پونے نو بجے ہیں۔"

بات دراصل یہ ہوئی تھی کہ مسٹر فاگ کو اپنے سفر کے دوران ایک دن کی بچت ہو گئی تھی۔ دنیا کے محیط پر تین سو ساٹھ ڈگریاں ہوتی ہیں۔ مشرق کی جانب سورج کی طرف سفر کرتے وقت فاگ کو ہر ڈگری کے ساتھ چار منٹ کا فائدہ ہوا۔ لہذا پوری تین سو ساٹھ ڈگریاں پار کرنے میں اسے چوبیس گھنٹوں یعنی ایک دن کا فائدہ ہو گیا۔

قصہ کوتاہ مسٹر فلیس فاگ شرط جیت گئے اور پہلے سے بھی زیادہ دولتمند ہو گئے۔ اس کے بعد انہوں نے رادھا سے شادی کر لی اور سب ہنسی خوشی رہنے لگے۔

✳ ✳ ✳

ہندی زبان سے ترجمہ شدہ ایک ناولٹ

جینا تو پڑے گا

مترجم : اعجاز عبید

بین الاقوامی ایڈیشن جلد منظر عام پر آرہا ہے